BEI GRIN MACHT SICH IHR WISSEN BEZAHLT

- Wir veröffentlichen Ihre Hausarbeit, Bachelor- und Masterarbeit

- Ihr eigenes eBook und Buch - weltweit in allen wichtigen Shops

- Verdienen Sie an jedem Verkauf

Jetzt bei www.GRIN.com hochladen und kostenlos publizieren

Fabian Prilasnig

Die Heiligen Georg und Nazarius

Die Stadtpatrone von Piran und Koper

GRIN Verlag

Bibliografische Information der Deutschen Nationalbibliothek:

Die Deutsche Bibliothek verzeichnet diese Publikation in der Deutschen National-
bibliografie; detaillierte bibliografische Daten sind im Internet über http://dnb.d-
nb.de/ abrufbar.

Impressum:

Copyright © 2014 GRIN Verlag GmbH
Druck und Bindung: Books on Demand GmbH, Norderstedt Germany
ISBN: 978-3-656-60152-4

Dieses Buch bei GRIN:

http://www.grin.com/de/e-book/269086/die-heiligen-georg-und-nazarius

Die Heiligen Georg und Nazarius – die Stadtpatrone von Piran und Koper

Einleitung:

Koper und Piran sind zwei Küstenstädte des slowenischen Istriens, die für die junge Republik Slowenien sowohl in wirtschaftlicher als auch touristischer Hinsicht eine wichtige Funktion einnehmen. Einerseits ist Koper die Hafenstadt Sloweniens und somit Umschlagplatz des slowenischen Seehandels, andererseits gilt das slowenische Küstengebiet mit den Städten Koper, Izola, Piran und Portorož als eine der Touristendestinationen Sloweniens schlechthin, die durch ihre Zweisprachigkeit und den noch in der Architektur sichtbaren, jahrhundertelangen venezianischen Einfluss ein besonderes Flair vermitteln. Da ich zweimal für längere Zeit im slowenischen Istrien verweilen durfte, sind mir von den zahlreichen unternommenen Ausflügen die nach Koper und Piran am besten in Erinnerung geblieben, wobei die Stadt Piran aufgrund ihrer Lage und Altstadt zu meinem imaginären Wunschaufenthaltsort geworden ist. Daher habe ich mir die Aufgabe gestellt, etwas mehr über die beiden Schutzpatrone der Städte Koper und Piran in Erfahrung zu bringen.

Zur christlichen Heiligenverehrung:

Die frühe Christenheit sah sich im jüdischen und hellenistischen Kulturraum mit verschiedenen Formen der Heiligenverehrung konfrontiert, wobei die jüdische Theologie vor allem die Funktion der Fürbitter und Mittler im Heilswerk Gottes mit den Menschen kannte. Seit der makkabäischen Verfolgung galten auch die sog. Blutzeugen wegen ihrer Standhaftigkeit im Leiden als Fürbitter für die Lebenden und diese Märtyrer erhielten in der christlichen, frühen Kirche neben den Aposteln eine Sonderstellung.

So weist ihnen bereits die Apokalypse einen bevorzugten Ort im Himmel zu (Apk 6,9) und in dem um 160 n. Chr. verfassten Bericht über das Martyrium des Bischofs *Polykarp von Smyrna* kommt das erste Mal eine Märtyrerverehrung im Osten vor.

„Die Entstehung der Märtyrerverehrung muß im Zusammenhang mit der Geschichte der christlichen Martyriumsdeutung gesehen werden."[1]

Die Ausdrucksformen der frühchristlichen Märtyrerverehrung lehnen sich an die antike Totenverehrung an, die dem jüdischen Heiligen wie dem hellenistischen Heldenkult gefolgt ist. Vor allem die kultische Begehung des *dies natalis* (Tag des Martyriums) am Grab des Märtyrers bildete auf Jahrhunderte hin den eigentlichen Inhalt des kirchlichen Märtyrerkults, wobei in der Regel in jeder Gemeinde, in der mehrere den Zeugentod gestorben waren, meistens nur ein herausragender Märtyrer als ihr Patron verehrt wurde.

Gemeinden ohne eigene Blutzeugen bemühten sich nach den Zeiten der Verfolgungen durch die Übertragung von Leibern oder Translation von Reliquien aus anderen Gemeinden eigene Kultzentren zu schaffen, und somit hielt die Ausbreitung der Heiligenverehrung mit der des Christentums weithin Schritt. Durch Kommunikation der Gemeinden untereinander wurden bald einige Märtyrer in weiten Teilen der Kirche verehrt und somit entstanden auch die ersten Festkalender. „In vielen Gemeinden der Alten Kirche begann die Märtyrerverehrung mit der diokletianischen Verfolgung, weil es jetzt erst Märtyrer in den eigenen Reihen gab."[2]

Als das Christentum im Laufe des 4. Jahrhunderts toleriert, gefördert und schließlich zur Staatsreligion des Römischen Reichs wurde, konnte das Martyrium nicht mehr unmittelbares Leitbild vollendeten christlichen Lebens darstellen und daher wurde die Heiligenverehrung ausgeweitet.

So traten als Kennzeichen neben dem Blutzeugnis das standhafte Bekenntnis zum Glauben trotz Verfolgungen sowie das kompromisslose asketisch-jungfräuliche Leben hinzu, wobei sich nun immer mehr das Ideal des engelgleichen Lebens durchzusetzen begann. Aus der Umdeutung des Martyriums in die Form der täglichen Entsagung der stärksten irdischen Bindung war dieser neue „Heiligkeitstyp" (Asketen und Jungfrauen) entstanden, der sich über die Jahrhunderte bis zum heutigen Tag durchhielt und der Kirche die größte Gruppe der anerkannten Heiligen stellen sollte.[3]

---

[1] Baumeister, Theofried: Heiligenverehrung I. In: RAC 14, 1988, 111.

[2] Ebd., 122.

[3] Vgl. Hausberger, Karl: Heilige/Heiligenverehrung III. In: TRE 14, 1985, 647-650.

Der Heilige Georg:

Georg war ein angesehener Kriegsmann aus Kleinasien (Kappadokien), der um das Jahr 303 im Zuge der Christenverfolgungen unter Kaiser *Diokletian* den Märtyrertod erlitt, wahrscheinlich in der Nähe von Jaffa in Palästina. Dadurch wurde er schon bald zu einer Legende, die seine historische Persönlichkeit in den Schatten stellte und die daher nicht mehr recht zu fassen ist. Seine Verehrung ist seit dem 4. Jahrhundert bezeugt und in der Ostkirche wurde er als „Großmärtyrer" verehrt. So brachten Wallfahrten und vor allem die Kreuzzüge seinen Kult in den Westen, wo er seit dem 12. Jahrhundert als junger, hoch zu Ross mit dem Drachen kämpfender Held dargestellt wurde. Sein Symbol ist das sog. *Georgskreuz*, ein rotes Kreuz auf weißem Grund, das in vielen Wappen und Flaggen enthalten ist. Als Patron der Krieger und Ritter wurde er in die Gruppe der 14 Nothelfer aufgenommen, wobei er der meistverehrte Märtyrer des christlichen Altertums und Mittelalters und sein Festtag der 23. April ist.[4]

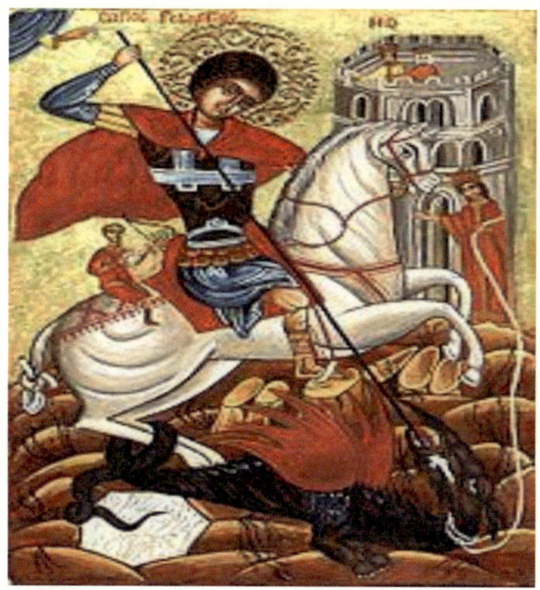

Abbildung 1: Ikone des Heiligen Georg aus dem 16. Jahrhundert[5]

---

[4] Vgl. Bautz, Friedrich W.: Georg, Märtyrer, Heiliger, einer der 14 Nothelfer. In: BBKL 2, 1990, 208f.

[5] Siehe http://de.wikipedia.org/wiki/Georg_(Heiliger) (Zugriff: 14.01.2014).

Besondere Verbreitung hat die Legende des Drachentöters Georg gefunden, wobei er mit dem Drachen erst etwa 800 Jahre nach der Verbreitung seiner Märtyrer-Legende in der Zeit der Kreuzzüge in Verbindung gebracht wird. Da die Märtyrer-Legende mit dem Tod endet, wurde die Legende vom Drachentöter vorangestellt, wobei neben diesen beiden Legenden noch weitere im späten Mittelalter weit verbreitet waren. So berichtet die zwischen 1263 und 1273 verfasste und nach dem liturgischen Kalender geordnete *Legenda aurea* von dem Dominikaner *Jacobus de Voragine*, nachmals Erzbischof von Genua (gest. 1298), der in jahrelanger Arbeit eine reiche hagiographische Überlieferung zusammengetragen und diese in episch-bildhafter Sprache für die fromme Erbauung gestaltet hat, ausführlich über den Heiligen Georg. [6]

Der Heilige Nazarius:

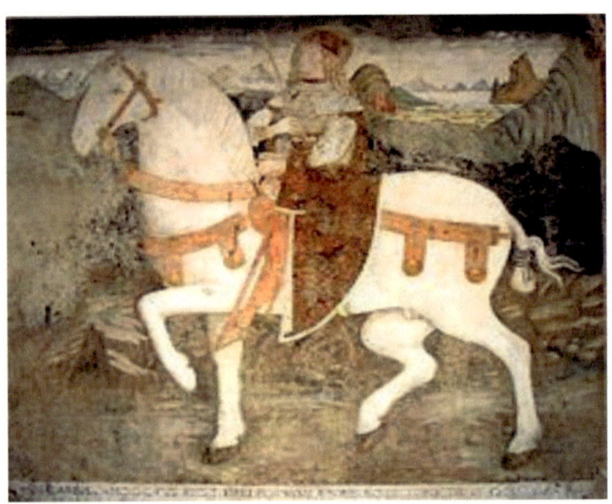

Abbildung 2: Der Heilige Nazarius zu Pferde[7]

Nazarius, der als Glaubensbote in Italien, Gallien und in Trier gewirkt haben soll, dürfte zu Beginn der Christenverfolgungen unter Kaiser *Diokletian* um das Jahr 304 den Martertod in Mailand erlitten haben. Der Legende nach schloss er im Kerker

---

[6] Hausberger, Karl: Hagiographie II. In: TRE 14, 1985, 367.

[7] Siehe http://de.wikipedia.org/wiki/Nazarius_(Heiliger) (Zugriff: 14.01.2014).

Bekanntschaft mit *Gervasius* sowie *Protasius*, wobei er den Knaben *Celsus* mitgenommen hatte. Im Jahre 395 dürften seine Gebeine nach der Lebensbeschreibung des *Heiligen Ambrosius* von Mailand, die von *Paulinus von Mailand* verfasst wurde, aufgefunden und in die Apostelbasilika übertragen worden sein, die seit damals den Namen *San Nazaro Maggiore* trägt.

Im 5. Jahrhundert wurde die Leidensgeschichte des Nazarius verfasst, die weit verbreitet und in verschiedenen Fassungen weiterentwickelt wurde, wobei sich die Verehrung rasch in Italien, Gallien, Spanien, Nordafrika und im Oströmischen Reich verbreitete. Im Jahre 765 kam es zu einer Reliquientranslation nach Lorsch bei Worms und die Verehrung des heiligen Nazarius als Märtyrer sowohl im Westen als auch im Osten ist bemerkenswert. Während es im Westen drei Festtage gibt, neben dem 12. Juni noch den 28. Juli (Dies natalis in Mailand) und den 10. Mai (Gedächtnis der Auffindung der Reliquien), werden im Osten Nazarius und Celsus zusammen mit den ebenfalls Mailänder Heiligen Gervasius und Protasius am 14. Oktober gefeiert. Die früheste Darstellung des Nazarius im Westen ist in der Kirche *San Celso* von Mailand aus dem 8./9. Jahrhundert zu finden, in welcher er in mittlerem Alter, bärtig und als gerüsteter Krieger abgebildet ist. Es gibt auch Altarbilder in Kirchen von Verona und Brescia, die ihn als Krieger mit Palme und Schwert zeigen, und außerdem wird er auch als Patron der Kinder verehrt.[8]

Abschließend sei die von Nazarius handelnde Textstelle aus der von Paulinus von Mailand verfassten Lebensbeschreibung des Ambrosius wiedergegeben:

„In dieser Zeit ließ er den Leib des heiligen Nazarius, der in einem Garten außerhalb der Stadt bestattet war, heben und in die Apostel-Basilika, die nahe der Porta Romana liegt, überführen. Wir haben aber in dem Grab, in dem der Märtyrer lag, so frisches Blut gesehen, als wäre es am selben Tage vergossen. Auch sein Haupt, das die Ruchlosen abgeschlagen hatten, war so heil und unversehrt an Haupthaar und Bart, daß er, als er gehoben wurde, im Grabe gewaschen und gekämmt zu sein schien. Und was ist wunderbar daran, da doch der Herr zuvor im Evangelium verheißen hat: ‚nicht ein Haar von seinem Haupte werde verloren gehen‘ (Lukasevangelium 21, 18)? Wir spürten auch solchen Wohlgeruch, dass er die Süße aller Düfte übertraf. Nachdem der Leib des Märtyrers geborgen und auf eine Bahre gelegt war, brachen wir sofort auf, um bei dem heiligen Märtyrer Celsus, der in

---

[8] Vgl. Sauser, Ekkart: Nazarius und Celsus. In: BBKL 6, 1993, 517f.

demselben Garten bestattet ist, mit dem heiligen Priester zu beten. Es ist uns bekannt, dass er niemals zuvor an dieser Stätte gebetet hat. Dies ist aber das Zeichen, dass der Leib des Märtyrers offenbart war, wenn der heilige Priester sich zum Gebet an eine Stätte begab, wo er niemals vorher gewesen war."[9]

In der *Bibliotheca Hagiographica Latina* wird der Heilige Nazarius öfters erwähnt: BHL 6039, 6042, 6043 sowie 6049.[10]

<u>Die Heiligen und die Städte</u>:

Im 7. Jahrhundert begann unter byzantinischer Herrschaft mit einer stark befestigten Siedlung die urbane Entwicklung von **Piran**. Der Zugriff Venedigs auf die Ostküste der Adria war für die Entwicklung der Städte in Istrien von entscheidender Bedeutung, da die Republik Venedig zunächst Freundschafts- und Handelsverträge abschloss. In der zweiten Hälfte des 13. Jahrhunderts begann Venedig mit der Eroberung der Küstenstädte in Istrien und besetzte im Jahr 1279 Koper, ein Jahr später Izola und im Jahr 1283 auch Piran. Im 17. und 18. Jahrhundert stand die bürgerliche Gesellschaft von Piran unter dem kulturellen Einfluss der humanistischen Ideen, wobei die österreichische Besetzung in den Jahren von 1797 bis 1805 und die kurze französische Herrschaft im Rahmen des *Italienischen Königreichs* (1805-1809) sowie der *Illyrischen Provinzen* (1809-1813) der Stadt neben Veränderungen auf dem Gebiet der Verwaltung, der Gesellschaft und Politik auch einige kleinere urbane Eingriffe ins Stadtbild und ins nähere Hinterland gebracht haben. Vor allem ist der Geiger und Komponist *Giuseppe Tartini* zu erwähnen, da der zentrale Platz der Stadt nach ihm benannt ist. Der Schutzpatron der Stadt Piran ist der Heilige Georg, was sich im blau umrahmten roten Georgskreuz des Stadtwappens widerspiegelt, und außerdem befindet sich eine Darstellung des Drachentöters mit einem Schwert auf der Spitze des Kirchturms der St. Georg-Kirche.[11]

Koper entstand aus einer kleinen Siedlung auf einer Insel im Golf von Triest. Im antiken Griechenland war dieser Ort als *Aegida* bekannt, und die Römer nannten die Stadt *Capris* oder *Caprista*. Im Jahre 568 n. Chr. flüchteten Einwohner des nahe gelegenen Triest vor den Langobarden nach Koper und zu Ehren des oströmischen

---

[9] Siehe http://www.heiligenlexikon.de/BiographienN/Nazarius.html (Zugriff: 14.01.2014).

[10] Siehe https://archive.org/stream/bibliothecahagi00poncgoog#page/n195/mode/2up/search/nazarius (Zugriff: 22.01.2014)

[11] Siehe http://www.portoroz.si/de/portoroz-und-piran/piran/geschichte-von-piran (Zugriff: 14.01.2014).

Kaisers *Justinian II.* wurde die Stadt in *Justinopel* umbenannt. Im Jahre 1278 wurde Koper Teil der Republik Venedig, und die Stadt wurde zum Verwaltungszentrum des venezianischen Istriens. Von den Venezianern wurde es seitdem *Caput Histriae* (ital. *Capo d'Istria* = Haupt(-stadt) Istriens) genannt, woraus sich der heutige italienische Name *Capodistria* ableitet.[12] Der Schutzpatron der Stadt Koper ist der Heilige Nazarius, Bischof von Koper im 6. Jahrhundert, dessen Reliquien seit dem Jahre 1422 in der Kathedrale von Koper aufbewahrt werden. Zur Reliquien-Translation des Heiligen Nazarius schreibt Luglio: „Vennero stabilite le modalità e i tempi per il ritorno di quei resti e nel mattino del 26 luglio 1422, tutto il popolo commosso e trepidante si assiepò lungo le rive per assistere all' arrivo della galea, che proveniente da Venezia, riportava in patria le preziose reliquie."[13] (Sie beschlossen die Formalitäten und die Zeit für die Rückführung der Reliquien, und am Morgen des 26. Juli 1422 drängte sich die gesamte Bevölkerung ängstlich ergriffen entlang des Ufers, um der Ankunft der Galeere beizuwohnen, die aus Venedig kommend die kostbaren Reliquien in die Heimat zurückbrachte.) Von den bildhauerischen Kunstwerken nimmt einen besonderen Platz sein aus Marmor gemeißelter Sarkophag hinter dem Altar ein, den der Venezianer *Filippo de Sanctis* wahrscheinlich gegen Ende des 14. Jahrhunderts schuf. Das Bildnis des Heiligen Nazarius ist auf dem Deckel in Stein gemeißelt und der Bischof *Geremia Pola* (1420-1424) ließ folgenden lateinischen Satz anbringen: „Hanc patriam serva Nazari sancte guberna qui pater et rector Justini diceriis urbis."[14] Am Deckelrand reihen sich die Wunder, die diesem Schutzheiligen der Stadt zugesprochen werden.[15]

Die Kathedrale von Koper:

Die *Kathedrale der Himmelfahrt der Jungfrau Maria und des Heiligen Nazarius* (*Stolnica Marijinega vnebovzetja in svetega Nazarij / La cattedrale dell'Assunta e di San Nazario*) in Koper ist die Bischofskirche des römisch-katholischen Bistums Koper. Die zunächst in romanischem Stil in der zweiten Hälfte des 12. Jahrhunderts erbaute Kirche besteht aus drei Kirchenschiffen, die jeweils mit einer Apsis enden.

---

[12] Siehe http://de.wikipedia.org/wiki/Koper (Zugriff: 22.01.2014).

[13] Luglio, L' Antico Vescovado, S. 87.

[14] Ebd., S. 87.

[15] Siehe http://www.santiebeati.it/dettaglio/57050 (Zugriff: 22.01.2014)

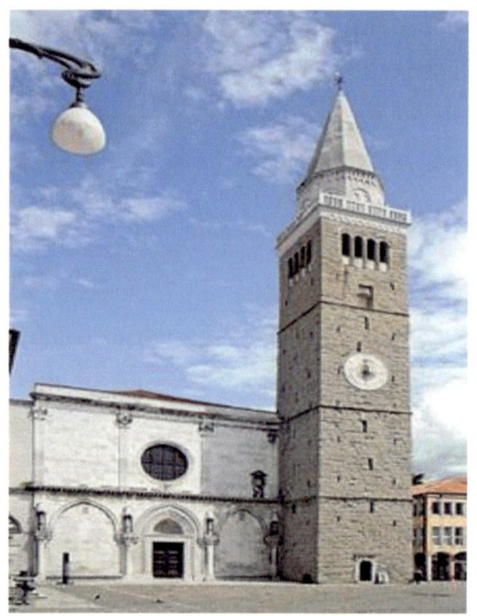

Die späteren Erweiterungen bis Ende des 14. Jahrhunderts führten zu einem Stilwechsel, da die Westfassade sich nun deutlich in gotischem Stil zeigt. Infolge eines Erdbebens im Jahr 1460 wurde die Fassade derart umgestaltet, dass sich am Portal Elemente des Renaissance-Stils zeigen. Der viergeschossige Kirchturm wurde einem italienischen Campanile nachempfunden, der eine der ältesten slowenischen Glocken aus dem Jahre 1333 beherbergt. Zu Beginn des 18. Jahrhunderts erfolgte unter anderem eine Umgestaltung der Kirche im Stil des Barock und zusätzliche Ausstattungsgegenstände wurden in die Kirche gebracht, darunter auch wertvolle Gemälde venezianischer Maler wie z.B. das Gemälde „Sacra Conversazione" von *Vittore Carpaccio*, das aus dem Jahre 1516 stammt, sowie der gegen Ende des 14. Jahrhunderts stammende Sarkophag des *Heiligen Nazarius*.[16]

Die Pfarrkirche von Piran:

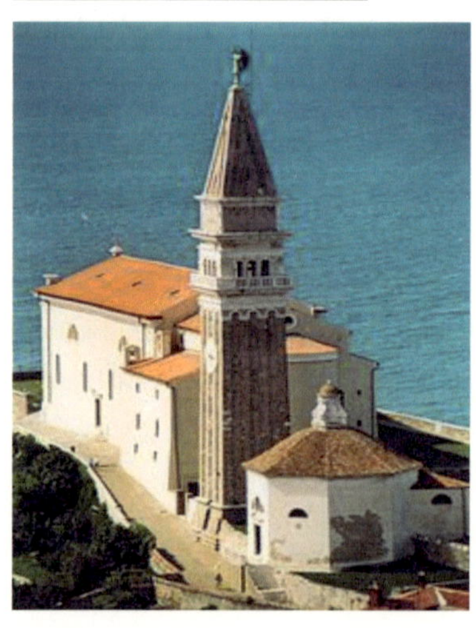

Die Pfarrkirche des Heiligen Georg (Župnijska cerkev svetega Jurija) ist eine im venezianischen Renaissance-Stil erbaute Kirche, die auf einem Hügel über der Stadt Piran gelegen ist. Die Kirche wurde im 12. Jahrhundert erbaut, und im Jahre 1592 begann man eine neue Kirche an der gleichen Stelle zu errichten, die im Jahre 1614 fertiggestellt wurde und somit die alte ersetzte. Der Glockenturm, der eine getreue Nachbildung vom Campanile in Venedig (Piazza San Marco) ist, wurde ein Jahr später

---

[16] Siehe http://de.wikipedia.org/wiki/Kathedrale_von_Koper (Zugriff: 14.01.2014).

fertig. Bis zum Jahr 1637 (offizielle Einweihung) wurde das Innere ausgestattet und dekoriert. Das Hauptportal der Kirche wurde im Jahr 1608 errichtet, und als eines der letzten Gebäude wurde das an der Nordseite gelegene Baptisterium in einer achteckigen barocken Form im Jahre 1650 fertiggestellt. Aufgrund des instabilen Untergrundes wurden im 17. Jahrhundert Stützmauern errichtet sowie zusätzliche Abstützungsmaßnahmen im Laufe der nächsten beiden Jahrhunderte an der Nord- und Südseite des Hügels, um jeglichen Schaden an dem Kirchengebäude zuvorzukommen. Danach erfolgten noch einige Restaurierungsmaßnahmen.[17]

Quellen- und Literaturverzeichnis:

Handbücher bzw. Lexika:

- Biographisch-Bibliographisches Kirchenlexikon (BBKL)
- Lexikon für Theologie und Kirche (LThK) (3. Aufl.)
- Lexikon der christlichen Ikonographie (LCI)
- Reallexikon für Antike und Christentum (RAC)
- Religion in Geschichte und Gegenwart (RGG) (4. Aufl.)
- Theologische Realenzyklopädie (TRE)

Literatur:

- Luglio, Vittorio: L' Antico Vescovado Giustinopolitano. Tredici secoli di storia attraverso i vescovi e le chiese dell' antica diocesi di Capodistria. Trieste 2000.

Internetquellen:

- Bibliotheca Hagiographica Latina (BHL)
- Ökumenisches Heiligenlexikon
- Wikipedia – Die freie Enzyklopädie
- http://www.portoroz.si/de/
- http://www.santiebeati.it/

---

[17] Siehe http://en.wikipedia.org/wiki/Church_of_Saint_George,_Piran (Zugriff: 14.01.2014).

Bildergalerie

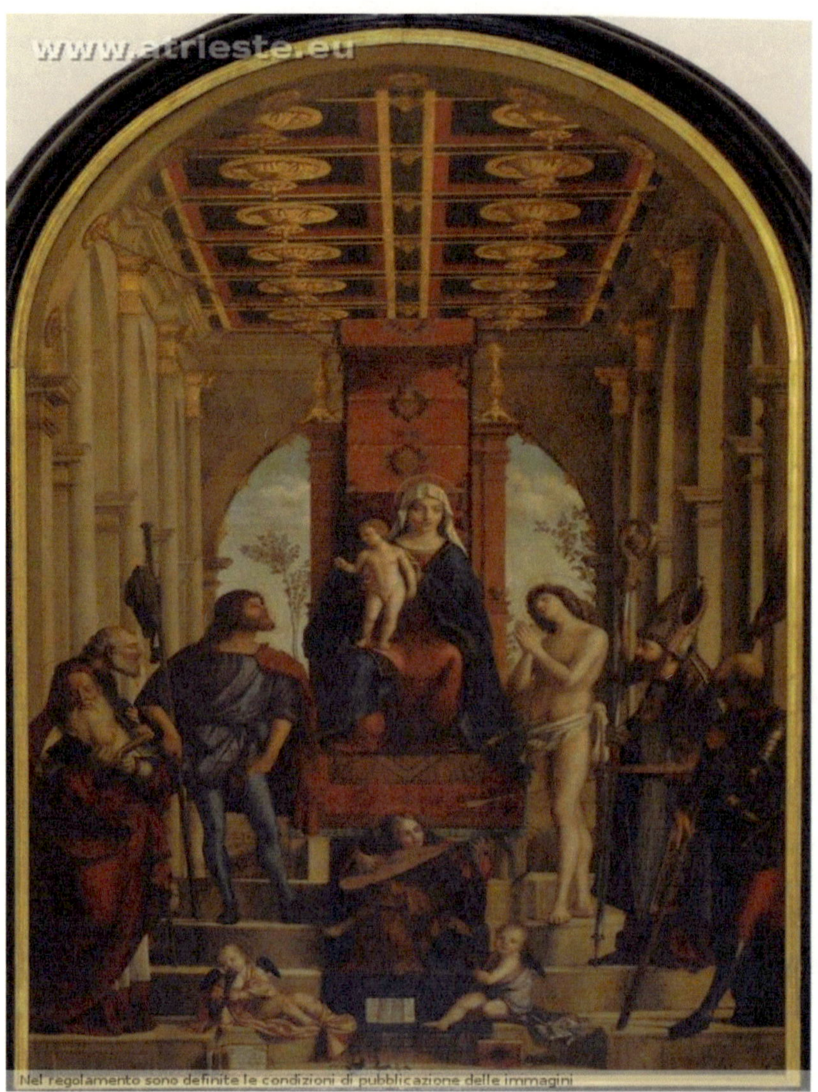

Abbildung 3: Das Gemälde „Madonna e santi" von Vittore Carpaccio[18]

---

[18] Siehe http://www.atrieste.eu/Forum3/viewtopic.php?f=31&t=2731&start=20 (Zugriff: 23.01.2014).

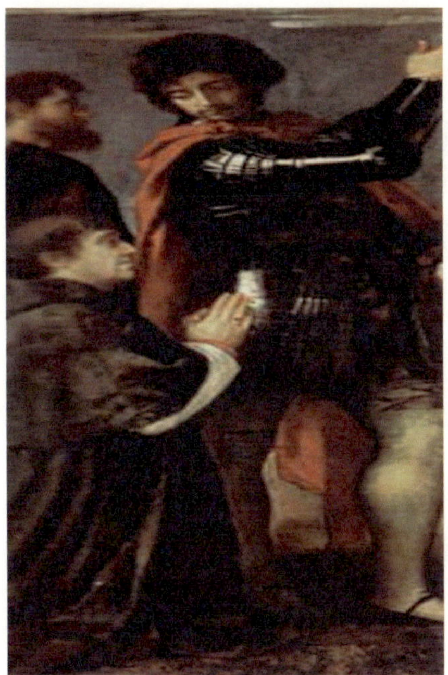

Abbildung 4: Die Heiligen Nazarius und Celsus[19]

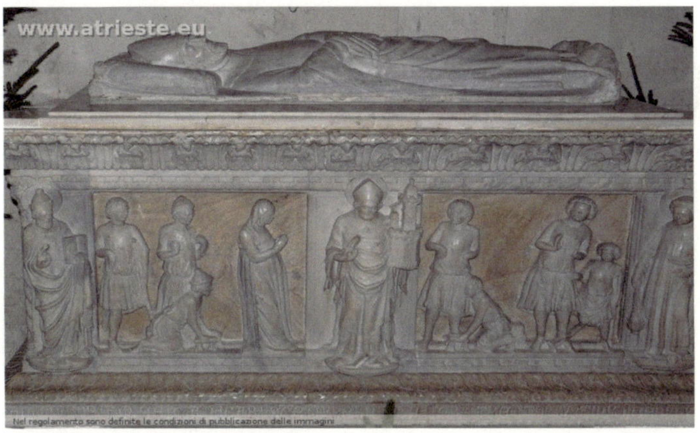

Abbildung 5: Der Sarkophag des Heiligen Nazarius in der Kathedrale von Koper[20]

---

[19] Siehe http://en.wikipedia.org/wiki/Nazarius_and_Celsus (Zugriff: 23.01.2014).

[20] Siehe http://www.atrieste.eu/Forum3/viewtopic.php?f=31&t=2731&start=20 (Zugriff: 21.01.2014).

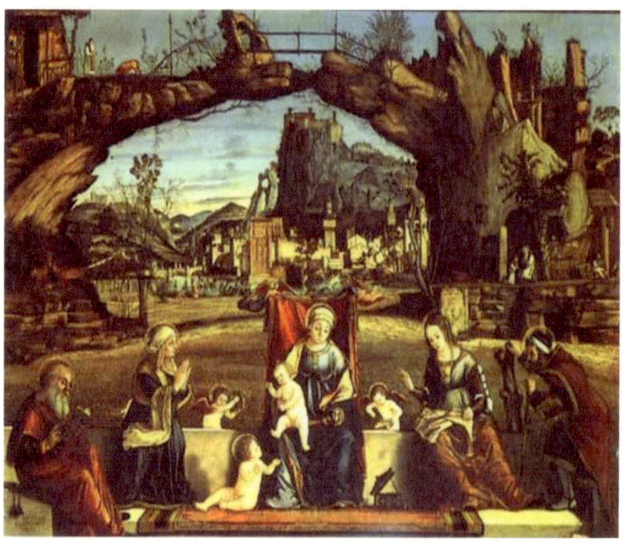

Abbildung 6: Das Gemälde „Sacra Conversazione" von Vittore Carpaccio[21]

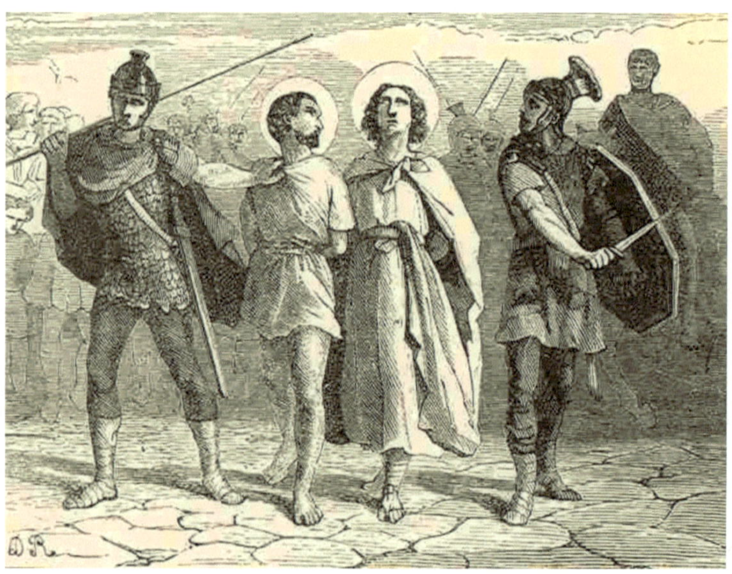

Abbildung 7: Das Martyrium der Heiligen Nazarius und Celsus[22]

---

[21] Siehe http://it.wahooart.com/@@/6E3TKH-Vittore-Carpaccio-Sacra-Conversazione (Zugriff: 23.01.2014).

[22] Siehe http://commons.wikimedia.org/wiki/File:Nazarius_Celsus.jpg?uselang=en (Zugriff: 23.01.2014).

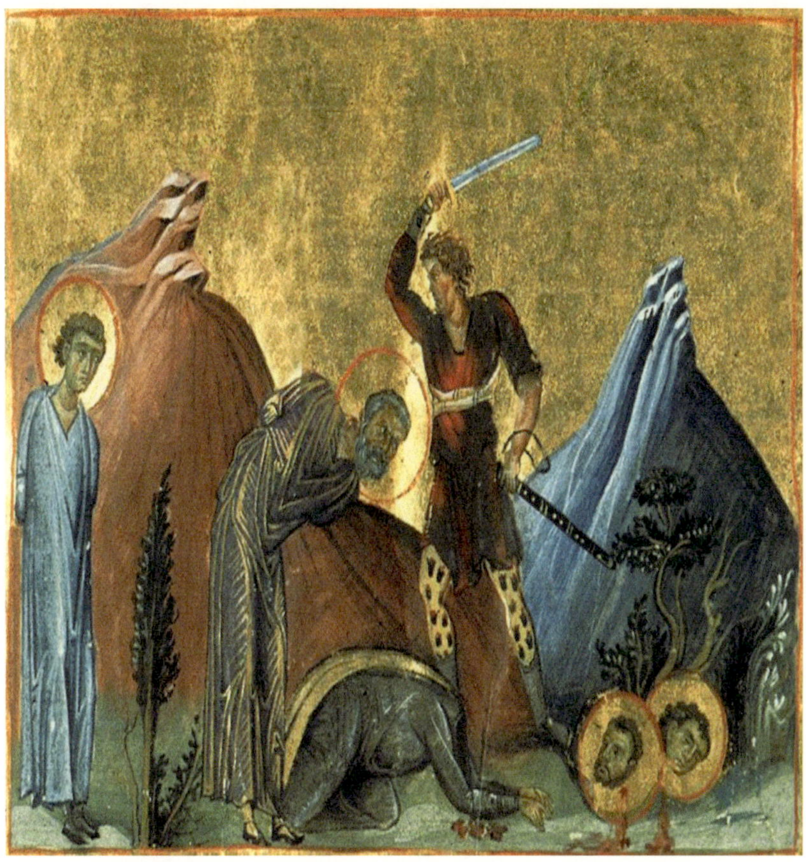

Abbildung 8: Der Märtyrertod der Mailänder Heiligen Nazarius, Gervasius, Protasius und Celsus

- Abbildung abrufbar unter:
  http://commons.wikimedia.org/wiki/File:Nazarius,_Gervase,_Protase,_and_Celsius_of_Mediolanum_(Menologion_of_Basil_II).jpg?uselang=en (Zugriff: 23.01.2014)